정브르의 파충류 퀴즈 도감

이 책의 구성

알쏭달쏭 신기하고 재미있는
파충류와 양서류 퀴즈를 풀어요!

파충류 퀴즈

1 호기심 퀴즈

2 브르의 힌트

3 생생한 사진과 정보

1. 초성, OX, 선다형, 사진 퀴즈를 풀어요.
2. 브르가 알려주는 힌트를 보고 정답을 맞혀요.
3. 파충류와 양서류 사진을 보면서 정보를 확인해요.

정브르의 파충류 퀴즈 도감

양서류도 있어요!

파충류 관찰

4 영상 속 관찰 생물

5 몸의 구조와 특징

파충류 X파일

6 상식 쏙쏙 호기심 해결

+ 재미있는 브르의 일기도 있어요!

날짜: 2022년 3월 2일 파충류: 사타닉리프테일게코

브르의 일기!

사타닉리프테일게코는 눈 위에 있는 *돌기 때문에 무서워 보일 수도 있어. 그래서 이름에도 '사탄(악마)'이라는 말이 붙었는데, 실제로는 나뭇잎을 닮은 귀여운 도마뱀이야.

4. 브르의 영상을 보면서 파충류와 양서류를 관찰해요.
5. 관찰 생물의 몸의 구조와 특징을 파악해요.
6. 파충류와 양서류에 대한 상식을 쌓아요.

차례

3장 거북과 악어

4장 양서류

브르의 인사말

브린이들, 안녕?

〈정브르의 파충류 퀴즈 도감〉은 도마뱀, 뱀, 악어, 거북 그리고 양서류를 주제로 신기하고 재미있는 퀴즈를 풀어보는 책이에요.

사진과 영상으로 파충류와 양서류를 생생하게 관찰하고, 관련 상식을 쌓을 수 있는 X파일까지!

다양한 파충류와 양서류의 흥미진진한 이야기를 만나볼 수 있어요.

그럼, 지금부터 저와 함께 파충류를 만나러 떠나 볼까요?

1장

도마뱀

도마뱀은 어떤 동물일까?

도마뱀은 파충류의 한 종류로, 도마뱀붙이(게코)와 이구아나, 카멜레온이 도마뱀류에 속해요.
도마뱀류는 대부분 몸이 길쭉하고 비늘로 덮여 있으며, 4개의 다리와 꼬리가 있어요. 일부 종은 위험을 느끼면 스스로 꼬리를 끊고 도망가기도 해요.

파충류 퀴즈

01

꼬리가 짧고 뭉툭한 게코는?

초성을 보고
파충류 이름을 맞혀 보세요.

ㄴ ㅌ ㅇ
ㄱ ㅋ

브로의 힌트

- 우리말로 '혹꼬리도마뱀붙이'라고 해요.
- 호주에 있는 사막에 살고, 밤에 돌아다녀요.
- 꼬리가 손잡이(knob)처럼 생겨서 붙은 이름이에요.

납테일게코

납테일게코 Knob-tailed gecko

학 명	Nephrurus levis	먹 이	곤충, 거미, 지네 등	몸길이	약 10~14cm
서식지	건조하고 바위가 많은 곳	분 포	호주	특 징	짧고 뭉툭한 꼬리

납테일게코는 꼬리가 짧고 뭉툭해요. 둥근 손잡이(knob)처럼 생겨서 이런 이름이 붙었지요. 위협을 느끼면 꼬리를 스스로 자르기도 하는데, 잘린 꼬리가 예전처럼 완전히 다시 자라지는 않아요.

파충류 관찰

관찰 파충류

납테일 게코

레비스 필바렌시스

▲필바렌시스 알비노 헷 패턴리스

▼필바렌시스 하이화이트

나 귀여워?

눈 눈이 크고, 눈꺼풀이 있어서 눈을 깜박일 수 있어요.

피부 거칠고 울퉁불퉁해서 몸속의 물기가 잘 빠져나가지 않아요.

발 발가락에 *흡반이 없지만 뾰족하게 튀어나와서 미끄러지지 않아요.

꼬리 짧고 뭉툭해요.

우아!

납테일게코는 눈이 크고 귀엽게 생겼어요. 아주 적은 빛으로도 물체를 볼 수 있지요. 그래서 어두운 밤에도 빠르게 움직이는 먹잇감을 쉽게 잡아먹어요.

***흡반:** 다른 동물이나 물체에 달라붙기 위한 기관.

사막에 사는 도마뱀은 누구?

도루묵도마뱀

도루묵도마뱀은 사하라 사막이나 호주의 건조한 지역에 서식해요. 모래 속에서 뜨거운 열을 피하고, 숨어 있다가 먹이를 잡아먹지요. 모래를 물고기처럼 헤엄치듯이 걷는다고 해서 영어 이름이 '샌드피시(Sandfish)'예요.

사막이구아나는 미국과 멕시코의 사막에 서식하는 도마뱀이에요. 주로 햇빛이 강한 낮에 활동하며, 녹색이구아나와 달리 *볏이 없어요. 위험을 느끼면 두 발로 달려 도망가기도 해요.

사막이구아나

녹색이구아나의 볏

***볏:** 뿔처럼 뾰족하게 튀어나온 부분.

파충류 퀴즈
02

토케이게코는 '토케이~'하고 운다?

맞으면 O, 틀리면 X에
동그라미 하세요.

O　　X

브로의 힌트

- 몸에 붉은색 점 모양의 무늬가 있어요.
- 위협을 느끼면 크게 울음소리를 내요.
- 국제적 멸종 위기종으로 보호받고 있어요.

O

토케이게코는
'토케이~'하고 울어요.

토케이게코 Tokay gecko

학 명	Gekko gecko	먹 이	곤충, 작은 뱀 등	몸길이	약 25~35cm
서식지	열대 우림	분 포	동남아시아, 인도 등	특 징	몸에 있는 붉은색 점

토케이게코는 수컷이 짝을 찾을 때 '토케이~토케이~'하고 우는 소리를 내서 이런 이름이 붙었어요. 성격이 사나워 '악마 도마뱀'이라고도 불리며, 위협을 느끼면 입을 크게 벌리며 울음소리를 내요.

파충류 관찰

관찰 파충류

토케이 게코

토케이게코 채집 성공!

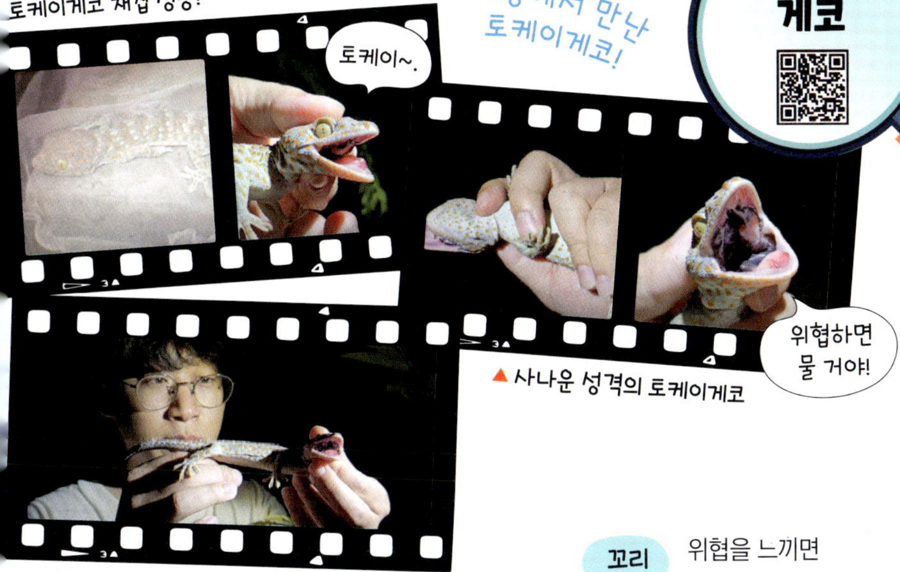

야생에서 만난 토케이게코!

▲사나운 성격의 토케이게코

▲조심히 관찰 중인 브르

꼬리 위협을 느끼면 꼬리를 끊고 도망가요.

몸 촉감이 부드럽고, 푸른빛 바탕에 붉은색 점이 있어요.

발 접착력이 강한 발바닥으로 벽이나 천장에 잘 달라붙어요.

파충류 X파일

몸에 점무늬가 있는 파충류는?

스팟티드터틀

스팟티드터틀은 캐나다와 미국에 서식하는 거북이에요. 몸과 등딱지가 짙은 색이고, 등딱지에 노란색 점무늬가 있어서 우리말로 '점박이거북'이라고 불러요.

러셀살모사

러셀살모사는 인도, 스리랑카, 네팔 등에 서식해요. 단 한 방울의 독으로도 사람의 목숨을 위협할 수 있는 매우 위험한 독사지요. 몸에 선명한 갈색 점무늬가 있어서 눈에 잘 띄어요. 주로 쥐나 작은 도마뱀 같은 동물을 잡아먹어요.

파충류 퀴즈

03

사타닉리프테일게코는 꼬리가 (   ) 모양이다.

(   ) 안에 들어갈 말은 무엇일까요?

① 별

② 나뭇잎

③ 가시

브로의 힌트

- 꼬리가 납작하게 생겼어요.
- 나무 근처에 숨으면 찾기 어려워요.
- 우리말로 '사탄잎꼬리도마뱀붙이'라고 불러요.

② 나뭇잎

사타닉리프테일게코 Satanic leaf-tailed gecko

학 명	Uroplatus phantasticus	먹 이	귀뚜라미, 나방 등의 곤충	몸길이	약 6~15cm
서식지	열대 우림	분 포	마다가스카르	특 징	납작한 꼬리

사타닉리프테일게코는 꼬리가 납작하고, 나뭇잎처럼 생겼어요. 수컷 꼬리는 갉아 먹힌 낙엽처럼 울퉁불퉁하고, 암컷 꼬리는 매끈하지요. *위장을 잘해서 나무 근처에 숨으면 포식자 눈에 잘 안 띄어요.

***위장:** 주변 환경과 비슷한 모습이나 색으로 몸을 숨기는 것.

파충류 관찰

관찰 파충류

사타닉 리프테일게코

◀나뭇잎을 닮은 생김새

▲뛰어난 위장술

◀수컷과 암컷의 꼬리

날짜: 2022년 3월 2일 **파충류:** 사타닉리프테일게코

브르의 일기!

사타닉리프테일게코는 눈 위에 있는 *돌기 때문에 무서워 보일 수도 있어. 그래서 이름에도 '사탄(악마)'이라는 말이 붙었는데, 실제로는 나뭇잎을 닮은 귀여운 도마뱀이야.

***돌기:** 몸에서 뾰족하게 튀어나온 부분.

위장술이 뛰어난 뱀은?

가봉북살모사는 주로 아프리카의 열대 우림에 서식해요. 몸 색깔과 무늬가 낙엽과 비슷해서 낙엽 사이에 숨어 있으면 잘 안 보여요. 독사 중에서도 독이 많고 강해서 위험한 종으로 꼽혀요.

사이드와인더방울뱀은 미국과 멕시코의 사막 지역에 서식해요. 황갈색 몸에 얼룩 무늬가 있어서 모래 속에 숨으면 잘 안 보여요. 몸을 비스듬히 옆(side)으로 움직이는(wind) 모습 때문에 이런 이름이 붙었어요.

파충류 퀴즈

04

나는 누구일까요?

사진의 일부분을 보고
파충류 이름을 맞혀 보세요.

브르의 힌트

- 우리말로 '표범도마뱀붙이'라고 불러요.
- 이름처럼 몸에 표범(leopard) 무늬가 있어요.
- 꼬리가 두꺼워요.

레오파드게코

레오파드게코 Leopard gecko

학 명	Eublepharis macularius	먹 이	거미, 전갈, 곤충 등	몸길이	약 20~25cm
서식지	사막, 바위가 많은 곳	분 포	인도, 파키스탄, 네팔 등	특 징	몸에 있는 표범 무늬

레오파드게코는 몸에 표범 무늬가 있어요. 두꺼운 꼬리에는 지방을 저장해 놓고 필요할 때 사용하지요. 또한 대부분의 도마뱀과 달리 눈꺼풀이 있어서 눈을 깜박일 수 있는데, 그 모습이 마치 웃는 것처럼 보여요.

파충류 관찰

관찰 파충류

레오파드 게코

눈을 깜박이는 모습

몸 몸에 있는 표범 무늬가 *모프마다 달라요.

꼬리 지방을 저장해 놓고 먹이가 없을 때 영양분으로 써요.

눈 눈꺼풀이 있어서 눈을 깜박일 수 있어요.

발 발가락에 흡반이 없어서 벽이나 천장에 달라붙지 못해요.

우아!

레오파드게코는 바위가 많은 사막에 서식해요. 나무에 올라가는 일이 거의 없기 때문에 물체에 달라붙을 수 있는 흡반이 없어도 자유롭게 이동할 수 있어요.

***모프:** 같은 종이지만 색이나 무늬가 다르게 태어난 동물.

파충류 X파일

독특한 색을 띠는 도마뱀은?

칼라드리자드

칼라드리자드에서 '칼라(collar)'는 옷깃, 목걸이라는 뜻이에요. 이름처럼 칼라드리자드 목에는 검은색 줄무늬가 있지요. 그래서 우리말로 '목걸이도마뱀'이라고 해요. *아종마다 색이 다르지만, 보통 수컷은 화려한 청록색이에요.

나미브샌드게코는 남아프리카에 있는 나미브 사막에 서식해요. 우리말로 '나미브물갈퀴도마뱀붙이'라고 하는데, 이름처럼 발에 넓적한 물갈퀴가 있어서 모래 위를 걸을 수 있어요. 몸 색깔이 모래와 비슷해서 사막에서 숨으면 잘 안 보여요.

나미브샌드게코

*아종: 같은 종이지만 조금 다르게 생기거나 다른 곳에 사는 동물이나 식물.

파충류 퀴즈

05

머리에 뿔 같은 비늘이 있는 이구아나는?

초성을 보고
파충류 이름을 맞혀 보세요.

ㅊ ㄹ

ㅇ ㄱ ㅇ ㄴ

브로의 힌트

- 몸집이 크고, 머리 뒤쪽에 비늘이 있어요.
- 긴 꼬리에 줄무늬가 있어요.
- 이구아나 이름에 색깔이 들어가요.

초록이구아나

초록이구아나 Green iguana

학 명	Iguana iguana	먹 이	잎, 새싹, 과일 등	몸길이	약 1.5~2m
서식지	열대 우림	분 포	중앙아메리카, 남아메리카 등	특 징	머리 뒤쪽에 있는 갈기 모양의 비늘

초록이구아나는 '그린이구아나', '녹색이구아나'라고도 불러요. 머리 뒤쪽에 공룡처럼 멋진 비늘이 돋아나 있고, 날카로운 발톱과 길고 뾰족한 꼬리가 있어요. 수영을 잘해서 위험을 느끼면 물로 도망가요.

파충류 관찰

관찰 파충류

초록 이구아나

▼번식기 동안 색이 변한 초록이구아나

▲긴 꼬리와 갈기 모양의 비늘

▲탈피 중인 초록이구아나

비늘 암컷보다 수컷의 등 비늘이 더 커요.

몸 종에 따라 색이 다양하고, 번식기가 되면 색이 변해요.

꼬리 꼬리가 길고, 직접 꼬리를 끊을 수 있어요.

목 혹처럼 늘어진 목주름을 부풀려 흔들면서 적을 위협해요.

이구아나에는 어떤 종이 있을까?

바다이구아나

바다이구아나는 갈라파고스 제도에 서식하며, 도마뱀 중에서 유일하게 바다에서 지내요. 몸속에 *염분이 쌓이면 콧구멍에 있는 특수한 기관을 통해 밖으로 내보낼 수 있어요.

코뿔이구아나

코뿔이구아나는 카리브해의 히스파니올라섬과 그 주변 섬에 서식해요. 눈과 코 사이에 코뿔소의 뿔처럼 뼈가 튀어나와 있지요. *사이테스(CITES)종으로 지정되어 보호받고 있어요.

코뿔소의 뿔

***염분:** 바닷물에 들어 있는 소금기.
***사이테스(CITES):** 멸종 위기 동식물의 국제 거래를 제한하는 협약.

파충류 퀴즈

06

거들테일아르마딜로는 자기 발을 문다?

맞으면 O, 틀리면 X에
동그라미 하세요.

O X

브로의 힌트

- 이것을 물고 있는 모습이 마치 공처럼 보여요.
- 위협을 느꼈을 때 하는 *방어 행동이에요.
- 적에게 쫓기면 바위틈에 몸을 숨겨요.

*방어: 상대편의 공격으로부터 스스로를 지킴.

❌ 거들테일아르마딜로는 자기 꼬리를 물어요.

거들테일아르마딜로 Armadillo girdled lizard

학 명	Ouroborus cataphractus	먹 이	곤충, 거미 등	몸길이	약 15~20cm
서식지	해안가 근처에 있는 사막	분 포	남아프리카 공화국	특 징	온몸을 덮고 있는 단단한 비늘

아하!

거들테일아르마딜로는 위협을 느끼면 자신의 꼬리를 물어서 몸을 공처럼 말아요. 몸 전체가 단단한 갑옷처럼 생겼는데, 꼬리에도 고리 모양의 딱딱한 비늘이 줄지어 있어요.

파충류 관찰

관찰 파충류

거들테일 아르마딜로

우리는 사이좋은 가족!

▲아빠와 귀여운 새끼

▲임신 중인 엄마

몸 갑옷 같이 두꺼운 비늘로 몸을 보호해요.

턱 턱 힘이 세요.

꼬리 몸을 둥글게 말아 꼬리를 물어요.

다리 짧고 튼튼한 다리에도 비늘이 있어요.

우아!

거들테일아르마딜로는 알이 아닌 새끼를 낳는 도마뱀이에요. 1년에 1~2마리 정도의 새끼를 낳고, 혼자 생활하는 대부분의 도마뱀들과 달리 새끼를 직접 돌보기도 해요.

몸에 가시가 있는 도마뱀이 있다?

가시도마뱀

가시도마뱀은 호주에 서식하며, 주로 모래가 많은 사막이나 건조한 곳에서 지내요. 몸 색깔이 모래와 비슷해서 몸을 잘 숨기며, 온몸에 원뿔 모양의 가시가 돋아 있어 '도깨비도마뱀'이라고도 해요.

큰갑옷도마뱀

큰갑옷도마뱀은 남아프리카의 넓은 초원에 살면서 땅속에 굴을 파고 지내요. 햇빛을 쬘 때마다 얼굴을 들어 태양(sun)을 바라보는(gazer) 행동을 해서 영어 이름으로 '선게이저(Sungazer)'라고 불러요.

파충류 퀴즈

07

바실리스크도마뱀은 (　　　) 위를 달린다.

(　) 안에 들어갈 말은 무엇일까요?

① 물

② 진흙

③ 나무

브르의 힌트

- 물에 닿으면 발가락 사이의 얇은 막을 펼쳐요.
- 수영 실력이 뛰어나요.
- 포식자를 피해 이곳으로 도망가기도 해요.

① 물

바실리스크도마뱀 Common basilisk

학 명	Basiliscus	먹 이	작은 파충류, 곤충, 과일 등	몸길이	약 60~80cm
서식지	열대 우림	분 포	중앙아메리카, 남아메리카	특 징	커다란 볏과 큰 뒷발

아하!

바실리스크도마뱀은 물 위를 달릴 수 있어요. 다리가 길고 발가락 사이에 얇은 막이 있어서 물에 발이 닿자마자 점프하듯이 달릴 수 있지요. 그래서 '물 위를 달리는 도마뱀'으로 불려요.

파충류 관찰

관찰 파충류

바실리스크 도마뱀

▲ 몸이 갈색인 바실리스크도마뱀

▲ 커다란 볏과 큰 뒷발

날짜: 2024년 11월 25일 **파충류:** 바실리스크도마뱀

브르의 일기!

물 위를 달리는 도마뱀이라니, 정말 신기하지? 몸에 비해 큰 발과 긴 꼬리도 눈에 띄는 특징이야. 언젠가 야생에서 바실리스크도마뱀이 물 위를 달리는 모습을 보고 싶어.

목주름을 펼치는 도마뱀이 있다?

목도리도마뱀

목도리도마뱀은 목에 목도리 같은 주름 장식이 있어요. 위협을 느끼면 목의 주름 장식을 크게 펼친 뒤, 입을 벌리거나 뒷다리를 딛고 일어나 두 발로 달려 도망가요.

사라다

사라다는 수컷만 목 아래에 주름 같은 피부가 있어요. 평소에는 눈에 띄지 않지만, 짝짓기를 할 때나 다른 수컷과 싸울 때, 화려한 목주름을 활짝 펼쳐서 자신의 강한 모습을 뽐내요.

파충류 퀴즈

08

나는 누구일까요?

사진의 일부분을 보고
파충류 이름을 맞혀 보세요.

브로의 힌트

- 수컷은 머리에 3개의 뿔이 있어요.
- 피부색이 여러 개인 것처럼 보여요.
- 양쪽 눈이 각각 360°로 돌아가요.

잭슨카멜레온

잭슨카멜레온 Jackson's chameleon

학 명	Trioceros jacksonii	먹 이	곤충, 지네, 거미 등	몸길이	약 20~30cm
서식지	습한 삼림	분 포	동아프리카, 미국 등	특 징	수컷 머리에 있는 3개의 뿔

잭슨카멜레온은 동아프리카에만 서식했는데, 사람들이 다른 나라로 옮겨 와서 지금은 미국에도 서식해요. 새끼는 끈적끈적한 *태막을 직접 찢고 나와서 나뭇가지로 올라가요.

***태막:** 엄마 뱃속에 있는 아기를 보호하는 막.

파충류 관찰

관찰 파충류

잭슨 카멜레온

▼출산 중인 잭슨카멜레온

▲태막에 쌓여 있는 새끼

▲태막에서 나온 새끼

눈 양쪽 눈을 각각 360°로 돌리며 주변을 살펴요.

몸 피부에 반사되는 빛의 색에 따라 피부색이 여러 개인 것처럼 보여요.

뿔 수컷은 머리에 3개의 뿔이 있고, 암컷은 뿔이 작거나 흔적만 남아 있어요.

꼬리 꼬리를 말아서 나뭇가지를 감아요.

가장 작은 VS 큰 카멜레온은?

피그미카멜레온

피그미카멜레온은 이름에 '아주 작은'이란 뜻의 '피그미'가 붙은 카멜레온이에요. 몸길이가 평균 6cm로 아주 작지요. 주로 아프리카의 숲에 서식하며, 수명이 짧은 편으로, 야생에서는 약 3년, 사육 시에는 약 5년 정도 살아요.

파슨카멜레온

파슨카멜레온은 마다가스카르에 서식하며, 세계에서 가장 큰 카멜레온이에요. 성장 속도는 느리지만 몸길이가 60cm 이상까지 자라지요. 수명도 긴 편으로, 야생에서는 약 10년, 사육 시에는 약 15년 정도 살 수 있어요.

파충류 퀴즈

09

전 세계에서 가장 큰 도마뱀은?

초성을 보고
파충류 이름을 맞혀 보세요.

ㅋ	ㅁ	ㄷ
ㄷ	ㄹ	ㄱ

브로의 힌트

- 우리말로 '코모도왕도마뱀'이라고 불러요.
- 인도네시아의 코모도섬을 포함한 여러 섬에 살아요.
- 뱀처럼 혀끝이 두 갈래로 나누어져 있어요.

코모도드래곤

코모도드래곤 Komodo dragon

학 명	Varanus komodoensis	먹 이	포유류, 새, 동물의 사체 등	몸길이	약 2~3m
서식지	초원, 숲 등	분 포	인도네시아의 섬	특 징	거대한 몸집, 갈라진 혀

코모도드래곤은 왕도마뱀속에 속해요. 왕도마뱀은 원래 '모니터(monitor)'라고 부르지만, 코모도드래곤은 몸집이 너무 커서 '드래곤(dragon)'이라고 불러요. 사슴이나 멧돼지처럼 몸집이 큰 동물을 잡아먹어요.

파충류 관찰

관찰 파충류

코모도 드래곤

몸 작은 뼈가 갑옷처럼 몸을 감싸고 있어요.

입 잇몸에 독샘이 있어 물리면 피가 멈추지 않아요.

꼬리 긴 꼬리를 채찍처럼 휘둘러 공격해요.

혀 혀끝이 두 갈래로 나누어져 있어요.

발 튼튼한 다리와 날카로운 발톱으로 땅속 굴을 파요.

우아!

코모도드래곤은 뱀처럼 입안에 야콥슨 기관이 있어요.
야콥슨 기관은 혀로 모은 냄새를 뇌로 전달해 줘요.
그래서 멀리 있는 먹이도 냄새로 찾을 수 있어요.

거대한 몸집을 자랑하는 도마뱀은?

아시안워터모니터

아시안워터모니터는 코모도드래곤 다음으로 몸집이 거대한 도마뱀이에요. 우리말로 '물왕도마뱀'이라고 하는데, 호수나 늪처럼 물이 있는 곳에 서식하며, 수영을 잘해요.

페런티에

페런티에는 호주의 건조한 사막 지역에 서식하며, 바위가 많은 곳을 좋아해요. 몸길이가 평균 2.5m로, 호주에서 가장 큰 도마뱀이지요. 몸집이 커서 느릴 것 같지만, 놀랍게도 시속 40km로 빠르게 달릴 수 있어요.

파충류 퀴즈

10

눈 주변이 빨간 도마뱀이 있다?

맞으면 ○, 틀리면 ✕에 동그라미 하세요.

○ ✕

브르의 힌트

- 몸이 단단한 비늘로 덮여 있어 용처럼 보여요.
- 습한 곳에서 살며, 물을 좋아해요.
- 우리말로 '빨간눈갑옷도마뱀'이라고 불러요.

O

레드아이아머드스킨크는
눈 주변이 빨간색이에요.

레드아이아머드스킨크 Red-eyed crocodile skink

학 명	Tribolonotus gracilis	먹 이	곤충, 지렁이 등	몸길이	약 16~20cm
서식지	열대 우림	분 포	뉴기니섬	특 징	눈 주변의 붉은색 테두리

레드아이아머드스킨크는 눈 주변이 빨간색이어서 '레드아이(Red-eye)'라는 이름이 붙었어요. 몸 전체가 단단한 갑옷 같은 비늘로 덮여 있어서 방어력이 좋고, 길고 튼튼한 꼬리로 균형을 잘 잡아요.

파충류 관찰

관찰 파충류

레드아이 아머드스킨크

브르가 가장 좋아하는 도마뱀!

▼ 작은 용처럼 생긴 외모

▲ 붉은색을 띠는 눈 주변

◀ 물을 좋아하는 레드아이아머드스킨크

날짜: 2023년 1월 6일 **파충류:** 레드아이아머드스킨크

브르의 일기!

레드아이아머드스킨크는 내가 가장 좋아하는 도마뱀이야! 붉은색을 띠는 눈 주변이 정말 매력적인데, 위험하다고 느끼면 죽을 척을 하기도 해~.

몸에 특징적인 색이 있는 파충류는?

블루텅스킨크

블루텅스킨크는 호주와 동남아시아의 여러 섬에 서식하는 도마뱀이에요. '블루텅'은 '푸른 혀'라는 뜻으로, 이름처럼 혀가 파란색이에요. 눈에 잘 띄지 않는 몸 색깔과 달리, 파란색 혀를 내밀어 적을 위협하기도 해요.

파이어스킨크

파이어스킨크는 '불도마뱀'이라는 이름처럼 붉은색 몸이 특징이에요. 옆구리에는 검은색, 흰색, 빨간색이 섞인 무늬가 있고, 꼬리에는 검은색과 파란색 줄무늬가 있어요. 독특한 색과 무늬 덕분에 한눈에 알아볼 수 있지요.

2장

뱀

뱀은 어떤 동물일까?

뱀은 다리가 없지만, 몸과 꼬리 근육으로 기어다니는 파충류예요.
몸이 비늘로 덮여 있고, 눈꺼풀이 없어서 눈을 깜박이지 않아요.
주로 작은 동물을 통째로 삼켜 먹고, 독이 있는 뱀은 독으로 적을 위협하기도 해요.

파충류 퀴즈
11

세상에서 가장 긴 뱀은?

초성을 보고
파충류 이름을 맞혀 보세요.

ㄹ ㅌ

ㅍ ㅇ ㅌ

브르의 힌트

- 우리말로 '그물무늬비단뱀'이라고 불러요.
- 비단뱀은 영어로 파이톤(python)이에요.
- 독이 없지만 긴 몸으로 적을 휘감아 조여요.

레틱파이톤

레틱파이톤 Reticulated python

학 명	Malayopython reticulatus	먹 이	포유류, 조류 등	몸길이	약 3~6m
서식지	열대 우림, 초원, 강가 등	분 포	동남아시아 등	특 징	전 세계에서 가장 긴 뱀

레틱파이톤은 전 세계에서 몸길이가 가장 긴 뱀이에요.
수컷이 약 3~4m, 암컷이 약 5~6m까지 자라지요.
긴 몸으로 먹잇감을 휘감아 꽉 조인 후 잡아먹어요.
주로 강이나 연못 등에 서식하며, 수영을 아주 잘해요.

파충류 관찰

관찰 파충류

레틱 파이톤

▼ 알비노 레틱파이톤

세계에서 가장 긴 뱀, 레틱파이톤!

▼ 타이거 레틱파이톤

날짜: 2021년 4월 24일 **파충류:** 레틱파이톤

브르의 일기!

몸길이가 5m를 훌쩍 넘는 레틱파이톤을 만났어.

사람을 공격할 수도 있어서 직접 만져 보진 못 했는데,

몸에 있는 그물 모양의 무늬가 신기했어.

몸이 엄청 긴 뱀이 또 있다?

버미즈파이톤

버미즈파이톤은 몸길이가 약 3~5m까지 자라는 거대한 비단뱀이에요. 몸무게는 약 70~90kg으로 매우 무겁지요. 주로 동남아시아에 서식하며, 습지나 강가에서 먹이를 사냥해요.

아프리카락파이톤

아프리카락파이톤은 아프리카에서 가장 큰 뱀이에요. 보통 몸길이는 약 3m이지만, 최대 6m가 넘는 개체도 있어요. 레틱파이톤, 버미즈파이톤과 함께 '세계 3대 대형 비단뱀'으로 꼽혀요.

파충류 퀴즈

12

킹코브라는 뱀도 잡아먹는다?

맞으면 O, 틀리면 X에
동그라미 하세요.

O X

브르의 힌트

- 독사 중에서 몸길이가 가장 길어요.
- 송곳니에서 강력한 신경독이 나와요.
- 열대 우림의 최상위 포식자예요.

O

킹코브라는
밤도 잡아먹어요.

킹코브라 King cobra

학 명	Ophiophagus hannah	먹 이	뱀, 도마뱀, 작은 동물	몸길이	약 3~4m
서식지	열대 우림, 숲	분 포	동남아시아, 중국 남부 등	특 징	강력한 신경독, 둥지에 알을 낳음

킹코브라는 몸길이가 크게는 약 5m까지 자라며, 독이 있는 뱀 중에서 가장 긴 종이에요. 열대 우림의 최상위 포식자로, 뱀도 잡아먹지요. 낙엽이나 마른 나뭇가지로 둥지를 만들어 알을 낳고, 직접 알을 지켜요.

파충류 관찰

관찰 파충류

킹코브라

▼ 무시무시한 코브라!

▼ 코브라를 훈련하는 전문가

목 목 부분의 피부를 넓게 펼치고, 몸을 세워 적을 위협해요.

이빨 홈이 있는 송곳니에서 독이 나와요.

혀 검은색이며, 두 갈래로 나뉘어 있어요.

꼬리 길고 가는 꼬리로 몸의 균형을 잡아요.

우아!

킹코브라는 송곳니에서 강력한 신경독을 내뿜어요.
신경독은 적의 신경을 마비시켜 호흡 곤란을 일으키지요.
킹코브라는 이 독으로 먹이를 사냥해요.

밤을 먹는 뱀이 또 있다?

킹스네이크

킹스네이크는 북아메리카의 열대 우림, 사막 등 다양한 환경에 서식해요. 주로 다른 뱀을 잡아먹고, 종종 자신의 꼬리를 먹잇감으로 착각해 물기도 해요. 킹스네이크처럼 뱀을 잡아먹는 뱀 이름에 '킹'이 붙어요.

킹브라운스네이크

킹브라운스네이크는 호주 전역에 서식해요. 몸길이가 약 2~3m로, 호주에서 가장 큰 독사예요. 주로 도마뱀이나 다른 뱀을 잡아먹고, 때로는 포유류나 거미도 먹어요.

파충류 퀴즈

13

볼파이톤은 몸을 ( )처럼 만다.

( ) 안에 들어갈 말은 무엇일까요?

① 김밥

② 공

③ 줄

브르의 힌트

- 위협을 느꼈을 때 하는 행동이에요.
- 머리를 가운데에 두고 몸을 둥글게 말아요.
- 우리말로 '공비단뱀'이라고 불러요.

② 공

볼파이톤 Ball python

학 명	Python regius	먹 이	작은 포유류, 쥐, 병아리 등	몸길이	약 1m
서식지	초원, 사바나 등	분 포	사하라 이남 아프리카	특 징	야행성, 독이 없음

볼파이톤은 위험을 느끼거나 스트레스를 받으면 몸을 둥글게 말아 스스로를 보호해요. 그래서 영어로는 '볼파이톤', 우리말로는 '공비단뱀'이라고 부르지요. 땅속이나 굴 같은 은신처에서 지내며, 여름에는 여름잠을 자요.

파충류 관찰

관찰 파충류

볼파이톤

몸을 말고 있는 모습

알비노 볼파이톤

우아!

볼파이톤은 몸을 둥글게 말 때, 꼬리를 물어서 마는 대신
긴 몸을 차곡차곡 쌓듯이 말아요. 머리를 가운데에 두고
몸을 말면서 주변을 살피며 경계하지요.

파충류가 몸을 보호하는 방법은?

상자거북

상자거북은 *복갑을 문처럼 열고 닫을 수 있어요. 그래서 *등갑 밖으로 다리나 꼬리가 나오는 다른 거북들과 달리, 몸을 껍데기 안으로 완전히 숨길 수 있지요.

등갑 안으로 숨은 상자거북

뿔도마뱀

뿔도마뱀은 북아메리카 사막 지역에 서식해요. 위협을 느끼면 눈에서 피를 내뿜어 스스로를 보호하지요. 눈 주변에 피를 모아 혈압을 높인 뒤, 실핏줄을 터트려 적을 깜짝 놀라게 해요.

***복갑:** 게나 거북의 배를 싸고 있는 단단한 껍데기.

***등갑:** 거북의 등을 덮고 있는 단단한 껍데기.

파충류 퀴즈

14

나는 누구일까요?

사진의 일부분을 보고
파충류 이름을 맞혀 보세요.

브로의 힌트

- 보아뱀의 한 종류예요.
- 등이 에메랄드처럼 밝은 초록색이에요.
- 주로 나무에 매달려 지내요.

에메랄드 트리보아

에메랄드트리보아 Emerald tree boa

학 명	Corallus caninus	먹 이	작은 포유류, 도마뱀, 개구리 등	몸길이	약 1.8m
서식지	열대 우림	분 포	남아메리카	특 징	나무 위에서 생활함

에메랄드트리보아는 나무 위에서 사는 교목성 뱀이에요. *신진대사가 느려서 다른 뱀보다 먹이를 적게 먹지요. 대부분의 뱀이 알을 낳는 것과 달리, 에메랄드트리보아는 몸 안에서 새끼가 부화해서 작은 뱀으로 태어나요.

*신진대사: 생물이 음식을 에너지로 바꾸고 사용하는 과정.

파충류 관찰

관찰 파충류

에메랄드 트리보아

▼야생에서 발견!

풀숲에 꼭꼭 숨은 에메랄드트리보아

▲풀숲에 숨기 좋은 몸 색깔

▲날카로운 긴 이빨!

몸

먹이를 몸으로 휘감아
강한 힘으로 조여요.

배

등은 에메랄드처럼
밝은 초록색이고,
배는 노란색이에요.

이빨

독이 없지만,
이빨이 길어요.

새끼를 낳는 뱀이 있다?

바이퍼

바이퍼는 전 세계에 분포하는 독사로, 우리말로 '살모사'라고 해요. 주로 난태생으로 새끼를 낳는데, 난태생이란 몸 안에서 알을 부화시켜 새끼가 바로 태어나는 방법이에요.

보아뱀

보아뱀은 '왕뱀'이라고도 불리는 거대한 뱀이에요. 서식지에 따라 색이 다르지만, 대부분 숲속에서 숨기 좋은 갈색 무늬가 있지요. 보아뱀도 새끼를 낳아 번식해요.

파충류 퀴즈

15

세상에서 가장 무거운 뱀은?

초성을 보고
파충류 이름을 맞혀 보세요.

ㄱ ㄹ

ㅇ ㄱ ㅋ ㄷ

브로의 힌트

- 주로 강이나 늪에서 지내요.
- 낮에는 땅 위로 올라와 햇볕을 쬐어요.
- 수영을 잘해서 '워터보아(Water boa)'라고 불러요.

그린아나콘다

그린아나콘다 Green anaconda

학 명	Eunectes murinus	먹 이	개구리, 사슴, 새, 악어 등	몸길이	약 4~6m
서식지	강, 습지 등	분 포	남아메리카	특 징	무겁고 두꺼운 몸

그린아나콘다는 몸길이가 길고, 길이가 비슷한 다른 뱀보다 훨씬 무거워요. 큰 몸집에도 물에서 생활하며, 수영을 잘해서 '워터보아(Water boa)'라는 별명이 있지요.

파충류 관찰

관찰 파충류

그린 아나콘다

큰 몸집을 자랑하는 그린아나콘다!

▲ 크고 무거운 몸

▲ 그린아나콘다와 친해진 브르

날짜: 2022년 10월 2일 **파충류:** 그린아나콘다

브르의 일기!

세상에서 가장 무거운 뱀, 그린아나콘다를 만났어!

몸이 너무 두껍고 무거워서 혼자서는 들 수가 없었어.

실제로 보면 너무 커서 깜짝 놀랄 거야!

수영을 잘하는 뱀은?

노란입술바다뱀

노란입술바다뱀은 인도와 태평양 바다에 서식하는 바다뱀이에요. 주로 물속에서 지내며 물고기를 잡아먹지요. 몸에는 검은색 줄무늬가 있고, 꼬리가 지느러미처럼 길쭉해서 헤엄칠 때 큰 도움이 돼요.

풀뱀

풀뱀은 유럽에서 중동까지 넓은 지역에 서식해요. 몸은 짙은 녹색이나 갈색을 띠고, 주로 개구리를 잡아먹어요. 수영을 잘하며, 연못 주변에서 햇볕을 쬐면서 체온을 조절하기도 해요.

파충류 퀴즈

16

코끝이 돼지코를 닮은 뱀이 있다?

맞으면 O, 틀리면 X 에 동그라미 하세요.

O X

브로의 힌트

- 코를 삽처럼 사용해 땅을 파요.
- 주로 모래나 자갈이 많은 지역에서 지내요.
- 위협을 느끼면 죽은 척을 해요.

O

코끝이 돼지코를 닮은 뱀은 돼지코뱀이에요.

돼지코뱀 Hognose snake

학 명	Heterodon	먹 이	양서류, 작은 동물	몸길이	약 30~120cm
서식지	초원, 숲 등	분 포	북아메리카	특 징	돼지코처럼 위로 들린 코

돼지코뱀은 이름처럼 코끝이 돼지코처럼 위로 들려 있어요. 코를 삽처럼 사용해서 땅을 파고, 몸이 통통하고 짧아서 땅속이나 낙엽 사이를 잘 다녀요. 몸이 유연해서 좁은 굴이나 틈새에도 들어갈 수 있어요.

파충류 관찰

관찰 파충류

돼지코뱀

코 코와 주둥이를 이용해 땅을 팔 수 있어요.

머리 몸에 비해 머리가 작아요.

이빨 입안 뒤쪽에 있는 뒷니에 독이 있어요.

몸 몸이 통통하고 짧아서 땅속이나 낙엽 사이를 잘 다녀요.

돼지코뱀은 위협을 느끼면 몸을 동그랗게 말고, 머리를 꼬리 사이에 숨겨 스스로를 보호해요. 뒷니에 약한 독이 있지만, 사람에게 위험한 정도는 아니며, 주로 사냥할 때 독을 사용해요.

우아!

특이하게 생긴 뱀은?

사막뿔살모사

사막뿔살모사는 중동과 아프리카의 건조한 사막에 서식해요. 눈 위에는 눈썹처럼 보이는 뿔이 한 쌍 있는데, 모래가 눈에 들어가지 않도록 해 줘요. 개체에 따라 뿔이 작거나 없는 경우도 있어요.

숲살모사

숲살모사는 사하라 이남 아프리카의 열대 우림에 서식해요. 나뭇잎이나 나무에 숨으면 찾기 어려워서 적의 위협을 피할 수 있어요. 등 쪽에 있는 뾰족한 비늘이 작은 용을 떠올리게 해요.

파충류 퀴즈
17

에그이터스네이크는 (   )만 먹는다.

(   ) 안에 들어갈 말은
무엇일까요?

① 새의 알

② 달팽이

③ 과일

브로의 힌트

- 우리말로 '아프리카알뱀'이라고 불러요.
- 자기 머리보다 큰 먹이도 삼킬 수 있어요.
- 이빨이 아닌, 뼈를 사용해 먹이를 먹어요.

① 새의 알

에그이터스네이크 Egg-eating snake

학 명	Dasypeltis	먹 이	새의 알	몸길이	약 60cm
서식지	사바나, 숲 등	분 포	아프리카	특 징	유연한 턱과 목

에그이터스네이크는 이름처럼 새의 알을 먹어요. 입으로 알을 감싸 목구멍으로 넣은 뒤, 목구멍 안쪽에 있는 뼈로 알을 깨뜨려요. 안의 내용물만 먹고, 껍데기는 다시 뱉어내지요. 턱과 목이 유연해서 머리보다 큰 알도 먹을 수 있어요.

파충류 관찰

관찰 파충류

에그이터 스네이크

▼ 똘망똘망한 눈망울

▲ 머리보다 큰 알도 꿀꺽!

코
냄새를 잘 맡아서
알을 쉽게 찾아내요.

목
목구멍 안쪽에
있는 뼈로
알을 깨뜨려요.

몸
위협을 느끼면
비늘을 문질러
소리를 내요.

입
알을 감싸
목구멍으로 넣어요.

파충류 X파일

특이한 먹이를 먹는 뱀은?

달팽이잡이뱀

달팽이잡이뱀은 이름처럼 주로 달팽이를 잡아먹어요. 딱딱한 껍데기 속 달팽이를 꺼내 먹고, 껍데기가 없는 민달팽이도 먹지요. 종에 따라 사는 곳과 좋아하는 환경이 조금씩 달라요.

줄꼬리뱀

줄꼬리뱀은 동남아시아에 서식하는 뱀으로, 주로 동굴에서 지내요. 몸이 길고 가늘어서 동굴 벽도 잘 오를 수 있지요. 주로 쥐 같은 작은 동물을 잡아먹고, 가끔 동굴 속 박쥐도 먹어요.

파충류 퀴즈

18

나는 누구일까요?

사진의 일부분을 보고
파충류 이름을 맞혀 보세요.

브르의 힌트

- 우리말로 '우유뱀'이라고 불러요.
- 작은 동물이나 곤충을 잡아먹어요.
- 화려한 색과 무늬로 눈에 잘 띄어요.

밀크스네이크

밀크스네이크 Milk snake

학 명	Lampropeltis triangulum	먹 이	작은 포유류, 곤충 등	몸길이	약 50~150cm
서식지	숲, 초원 등	분 포	북아메리카, 중앙아메리카	특 징	몸에 있는 선명한 줄무늬

밀크스네이크는 젖소를 기르는 목장에서 자주 발견돼서 '우유뱀'이라고 불러요. 우유를 먹는다고 오해받지만 실제로는 우유를 먹지 않아요. 주로 곤충이나 지렁이, 작은 동물을 잡아먹어요.

관찰 파충류

밀크 스네이크

산호뱀

빨간색 다음에 노란색 줄무늬가 나타나요.

꼬리 꼬리를 흔들어 적을 위협해요.

몸 빨간색 다음에 검은색 줄무늬가 나타나요.

이빨 독이 없고, 이빨이 매우 작아요.

우아!

독이 없는 밀크스네이크는 독이 있는 산호뱀인 척해서 포식자를 속여요. 이처럼 약한 동물이 강한 동물을 흉내 내는 것을 '베이츠 의태'라고 해요.

파충류 X파일

몸에 줄무늬가 있는 파충류는?

밴디드게코

밴디드게코는 중앙아메리카와 미국 남서부에 서식하는 도마뱀이에요. 주로 따뜻하고, 바위가 많은 건조한 곳을 좋아하지요. 몸에 선명하고 밝은 줄무늬가 있어서 우리말로 '줄무늬도마뱀붙이'라고 불러요.

가터뱀

가터뱀은 북아메리카와 중앙아메리카에 서식해요. 서식지에 따라 색과 무늬가 다양하지만, 대부분 밝은 세로 줄무늬가 있어요. 위험을 느끼면 머리를 숨기고 꼬리를 휘감거나 악취가 나는 분비물을 내뿜어요.

파충류 퀴즈

19

꼬리에서 '딸랑딸랑' 소리를 내는 뱀은?

초성을 보고
파충류 이름을 맞혀 보세요.

ㅂ ㅇ ㅂ

브로의 힌트

- 꼬리에서 나는 소리로 포식자를 위협해요.
- 은신처에 숨어 있다가 사냥해요.
- 몸에 열을 느낄 수 있는 특수 기관이 있어요.

방 울 뱀

방울뱀 Rattlesnake

학 명	Crotalus	먹 이	쥐, 새 등의 작은 동물	몸길이	약 60~240cm
서식지	초원, 습지, 사막 등	분 포	아메리카	특 징	방울 소리를 내는 꼬리

아하!

방울뱀은 꼬리 끝에 방울 소리를 내는 기관이 있어요. 허물을 벗을 때 꼬리 끝마디에 남은 허물이 방울이 되고, 탈피할 때마다 꼬리가 조금씩 커지지요. 이렇게 만들어진 빈 마디를 흔들면 '딸랑딸랑' 소리가 나요.

파충류 관찰

관찰 파충류

방울뱀

▼꼬리로 위협하는 방울뱀

▲ 날카로운 독니와 노란색 독액

구덩이 기관 눈과 콧구멍 사이에 있는 특수 기관으로, *정온 동물의 체온을 느껴요.

꼬리 주로 검은색, 흰색이 번갈아 나타나요.

이빨 날카로운 독니로 적을 위협해요.

우아!

방울뱀은 종에 따라 독의 종류가 달라요. 피를 멈추지 않게 하는 출혈독과 몸을 마비시켜 숨을 쉬지 못하게 하는 신경독 등이 있지요. 독이 강력하면 목숨을 잃을 수도 있어요.

***정온 동물:** 주변 온도에 관계없이 일정한 체온을 유지하는 동물.

파충류 X파일

공격 방법이 특이한 뱀은?

스피팅코브라

스피팅코브라는 아프리카와 동남아시아에 서식하는 뱀이에요. 독샘의 근육을 움직여 독을 최대 3m까지 뿜을 수 있어요. 적의 눈을 정확히 노려서 독을 쏘는데, 심하면 실명할 수도 있어요.

거미꼬리뿔독사의 꼬리는 옆에 있는 비늘 때문에 거미처럼 보여요. 꼬리 끝은 전구처럼 둥글게 부풀어 있지요. 꼬리를 살살 흔들어, 거미를 먹으려는 새를 유인한 뒤 잡아먹어요.

거미꼬리뿔독사의 꼬리

거미꼬리뿔독사

파충류 퀴즈

20

콘스네이크는 옥수수를 먹는다?

맞으면 O, 틀리면 X에
동그라미 하세요.

O   X

브로의 힌트

- 우리말로 '옥수수뱀'이라고 불러요.
- 종마다 몸 색깔과 무늬가 다양해요.
- 독이 없고 온순한 편이에요.

콘스네이크는
옥수수를 먹지 않아요.

콘스네이크 Corn snake

학 명	Pantherophis guttatus	먹 이	쥐, 개구리 등의 작은 동물	몸길이	약 1~1.5m
서식지	숲, 들판 등	분 포	북아메리카	특 징	다양한 색과 무늬

콘스네이크는 우리말로 '옥수수뱀'이라고 불러요. 쥐를 잡아먹으러 옥수수 창고에 많이 나타나서 이런 이름이 붙었어요. 또한, 몸에 있는 비늘 무늬가 옥수수 알갱이처럼 생겼다고 해요.

파충류 관찰

관찰 파충류

콘스네이크

화려한 색의 아기 콘스네이크

▼ 크림시클 콘스네이크

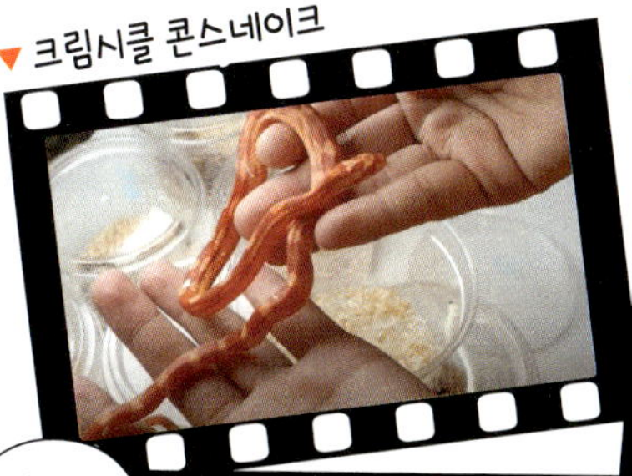

▲ 캔디케인 콘스네이크

▲ 스노우 콘스네이크 ▲ 에너리 콘스네이크

날짜: 2018년 11월 7일 **파충류:** 콘스네이크

브르의 일기!

콘스네이크는 색이 화려하고 무늬가 다양해. 성격이 온순하고, 독이 없어서 반려동물로 인기가 많아. 몸집도 다른 뱀에 비해 크지 않아서 뱀을 처음 키우는 브린이들에게 추천할게.

눈에 띄는 색깔의 뱀은?

인도네시아구덩이살모사

인도네시아구덩이살모사는 인도네시아 자바섬과 소순다 열도에 서식하는 독사예요. 몸 색깔은 선명한 초록색이나 청록색이 많고, 가끔 노란색인 개체도 발견돼요.

몸 색깔이 노란색인
인도네시아구덩이살모사

레드헤드크레이트

레드헤드크레이트는 동남아시아의 열대 우림에 서식해요. 몸은 검은색이고, 머리와 꼬리는 선명한 빨간색이에요. 몸에는 밝은 세로 줄무늬가 있어 눈에 잘 띄지요. 낮에는 주로 숨어 있다가 밤이 되면 활동해요.

3장

거북과 악어

거북과 악어는 어떤 동물일까?

거북은 등딱지가 단단한 파충류예요. 바다에 사는 바다거북과 땅에 사는 육지거북, 물과 땅을 오가는 반수생 거북이 있어요.

악어는 이빨이 날카롭고, 몸이 비늘로 덮여 있는 파충류예요. 주로 강이나 호수에 살며, 물속에서 사냥을 아주 잘해요.

파충류 퀴즈
21

매우 크고 튼튼한 육지거북은?

초성을 보고
파충류 이름을 맞혀 보세요.

ㅅ ㄱ ㅌ
ㄱ ㅂ

브르의 힌트

- '아프리카가시거북'이라고도 불러요.
- 전 세계 육지거북 중에서 세 번째로 커요.
- 영어로 'Sulcata tortoise'라고 해요.

설가타거북

설가타거북 Sulcata tortoise

학 명	Centrochelys sulcata	먹 이	풀, 잎, 채소 등	몸길이	약 70~80cm
서식지	초원, 사막 등	분 포	아프리카	특 징	뾰족한 돌기가 있는 다리

설가타거북은 아프리카에서 가장 큰 육지거북이에요. 단단한 등갑으로 포식자로부터 몸을 보호하지요. 건조한 지역에 서식하며, 더운 날에는 땅속 굴에서 휴식을 취해요.

파충류 관찰

관찰 파충류

설가타 거북

▼ 크고 단단한 몸

▲ 날카로운 발톱

▲ 거북을 들어 보는 브르

등갑

울퉁불퉁하고,
끝부분이 벌어져 있어요.

다리

가시처럼 뾰족한 돌기가 있어서 '가시거북'이라고도 불러요.

복갑

앞쪽에 단단하게 튀어나온 돌기가 있어요.

엉금엉금 귀여운 육지거북은?

레오파드육지거북

레오파드육지거북은 아프리카의 건조한 지역에 서식해요. 몸길이는 평균 40cm로, 전 세계 육지거북 중에서 네 번째로 커요. 등갑 무늬가 표범과 비슷해서 이름에 영어로 표범을 뜻하는 '레오파드(leopard)'가 붙었어요.

마지네이트육지거북

마지네이트육지거북은 그리스와 발칸반도, 이탈리아 등에 서식해요. 몸길이는 평균 35cm로, 유럽 거북 중에서 큰 몸집을 자랑해요. 등갑의 끝부분이 치마처럼 넓게 퍼져 있는 것이 특징이에요.

파충류 퀴즈

22

붉은귀거북은 귀가 빨갛다?

맞으면 O, 틀리면 X에
동그라미 하세요.

O X

브로의 힌트

- 등은 초록색과 갈색이고, 배는 노란색이에요.
- 어릴 때 물고기를 먹고, 자라면서 식물을 먹어요.
- 다른 나라에서 들어온 외래종이에요.

❌ 붉은귀거북은 귀 주변에 붉은 줄무늬가 있어요.

붉은귀거북 Red-eared slider

학 명	Trachemys scripta elegans	먹 이	작은 물고기, 식물 등	몸길이	약 15~20cm
서식지	연못, 호수 등	분 포	미국 남부, 멕시코 북부	특 징	눈 뒷부분에 있는 붉은 줄무늬

아하!

붉은귀거북은 실제로 귀가 빨간 게 아니라, 귀가 있는 자리에 붉은 줄무늬가 있어서 '붉은귀'라는 이름이 붙었어요.

거북의 귀는 고막이 피부로 덮여 있어서 겉으로 귓구멍이 보이지 않아요.

파충류 관찰

관찰 파충류

붉은귀 거북

등갑

새끼 때 초록색이다가 자라면서 갈색으로 변해요. 머리, 다리, 꼬리를 등갑 안으로 넣어 몸을 보호해요.

귀

귀가 있는 자리에 붉은색 줄무늬가 있어요.

등갑 안으로 숨은 모습

발

발가락 사이에 물갈퀴가 있어서 수영을 잘해요.

우아!

붉은귀거북은 우리나라 거북의 먹이와 서식지를 빼앗아 생태계를 위협하는 생태계 교란종이에요. 반려동물로 키우다가 버려져 환경 문제를 일으키기도 해요.

몸에 점무늬가 있는 거북은?

붉은다리거북

붉은다리거북은 남아메리카 북부에 서식하며, 습한 숲이나 사바나에서 지내요. 풀, 열매, 작은 동물의 사체 등 다양한 먹이를 먹지요. 머리 주변과 다리에 선명한 붉은 점이 있어 다른 거북과 쉽게 구분할 수 있어요.

유럽연못거북

유럽연못거북은 동남부 유럽과 북아프리카 등에 서식해요. 주로 연못이나 물이 천천히 흐르는 하천에서 지내지요. 머리와 다리에 크기가 다양한 노란 반점이 있고, 배 쪽도 밝은 노란색이에요.

파충류 퀴즈

23

악어거북의 혀는 (   )처럼 생겼다.

(   ) 안에 들어갈 말은 무엇일까요?

① 가시

② 지렁이

③ 뿔

브르의 힌트

- 민물에 사는 거북 중에서 몸집이 가장 커요.
- 혀가 길고 가늘어요.
- 물고기는 악어거북의 혀를 먹이라고 생각해요.

② 지렁이

악어거북 Alligator snapping turtle

학 명	Macrochelys temminckii	먹 이	물고기, 개구리, 식물 등	몸길이	약 35~80cm
서식지	강, 호수 같은 민물	분 포	북아메리카	특 징	등갑에 있는 세 줄의 돌기

악어거북의 혀끝은 지렁이처럼 생겼어요. 물속에서 물고기가 악어거북의 혀를 먹이로 착각해 다가오면, 악어거북은 입을 크게 벌려 잡아먹지요. 성격이 사납고 턱 힘이 강력해서 물리지 않도록 조심해야 돼요.

파충류 관찰

관찰 파충류

악어거북

▼ 공룡을 닮은 생김새

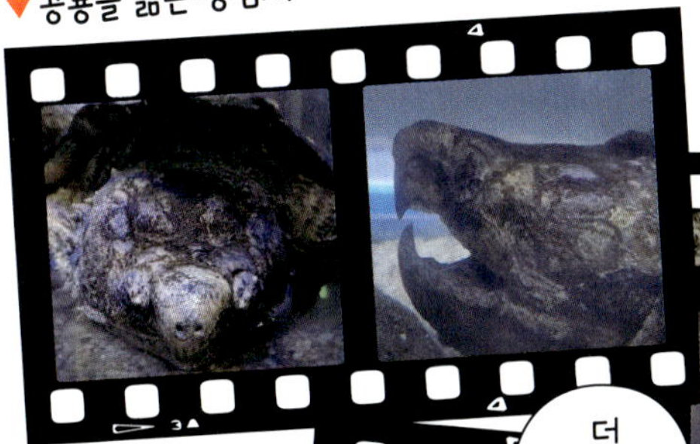

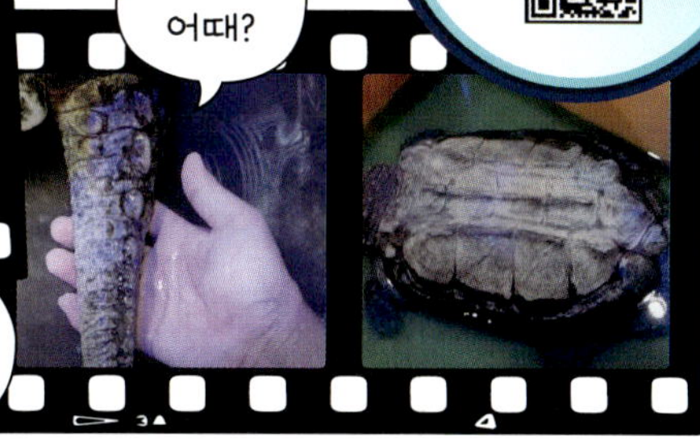

▲ 단단한 꼬리와 등갑

◀ 시원해하는 악어거북

날짜: 2023년 3월 20일 **파충류:** 악어거북

브로의 일기!

악어거북 사육장을 청소하면서 악어거북을 관찰했어.
손을 물릴까 봐 무서웠는데, 머리를 긁어 주자 강아지처럼
졸졸 따라오는 모습이 귀여웠어.

뾰족뾰족하게 생긴 거북은?

가시거북

가시거북은 이름처럼 등갑의 테두리가 가시처럼 뾰족해요. 그래서 '톱니바퀴거북'이라고도 불러요. 동남아시아의 열대 우림에 서식하며, 주로 낮에는 낙엽 사이에 숨어 있다가 밤이 되면 먹이를 찾으러 나와요.

지도거북

지도거북은 북아메리카에서만 서식하는 거북이에요. 강이나 호수처럼 물이 흐르는 곳에서 지내지요. 등갑의 무늬가 지도의 *등고선처럼 보여서 '지도거북'이라고 불러요. 종에 따라 등갑 중앙이 뾰족하게 솟아 있기도 해요.

***등고선:** 지도 위에 산이나 땅의 높고 낮음을 표시한 선.

파충류 퀴즈
24

나는 누구일까요?

사진의 일부분을 보고
파충류 이름을 맞혀 보세요.

브로의 힌트

- 낙엽처럼 생긴 거북이에요.
- 물웅덩이나 개울 같은 얕은 물에서 숨어 지내요.
- 물고기가 다가오면 입을 크게 벌려 빨아들여요.

마타마타거북

마타마타거북 Matamata turtle

학 명	Chelus fimbriatus	먹 이	물고기 등	몸길이	약 40~45cm
서식지	물웅덩이, 개울 등의 얕은 물	분 포	남아메리카의 아마존강	특 징	낙엽을 닮은 납작한 몸

마타마타거북은 머리가 낙엽처럼 넓적한 삼각형 모양이고, 몸통은 나무껍질처럼 생겼어요. 사냥할 때는 물밑에서 가만히 숨어 있다가 먹잇감이 가까이 오면 입을 크게 벌려 진공청소기처럼 빨아들여 통째로 삼켜요.

관찰 파충류

마타마타 거북

주둥이

물속에서 숨 쉬기 편하도록 길쭉해요.

몸

낙엽처럼 생겼고, 위에서 보면 납작해요.

목

목 아래쪽이 붉은색이에요.

발

발가락에 물갈퀴가 있어서 헤엄칠 수 있어요.

우아!

마타마타거북은 물속에 사는 수생 거북이지만, 수영을 잘 못해요. 그래서 얕은 물에서 지내며, 길쭉한 주둥이를 물 위로 내밀어 숨을 쉬지요.

수영을 잘하는 바다거북은?

푸른바다거북

푸른바다거북은 전 세계의 열대와 아열대 바다에서 살아가요. 자라면서 등갑에 불규칙한 갈색 무늬가 생겨요. 알을 낳을 때가 되면, *귀소 본능에 따라 자신이 태어난 해변으로 돌아와 알을 낳아요.

매부리바다거북

매부리바다거북은 입이 새의 부리처럼 튀어나와 있어요. 전 세계 바다에 널리 분포하며, 따뜻한 산호초 지역에서 많이 발견돼요. 바다거북은 다리가 지느러미처럼 생겨서 헤엄을 잘 쳐요.

매부리바다거북의 입

*귀소 본능: 동물이 자기 서식지나 둥지로 되돌아가려는 본능.

파충류 퀴즈

25

목이 뱀처럼 길쭉한 거북은?

초성을 보고
파충류 이름을 맞혀 보세요.

ㅂ ㅁ ㄱ ㅂ

브로의 힌트

- 위험하면 목을 옆으로 접어서 등갑 안으로 숨겨요.
- 물과 땅을 오가는 반수생 거북이에요.
- 호주와 뉴기니섬에 널리 분포해 있어요.

뱀목거북

뱀목거북 Snake-necked turtle

학 명	Chelodina longicollis	먹 이	물고기, 개구리 같은 작은 동물	몸길이	약 20~50cm
서식지	강, 호수 등	분 포	호주, 뉴기니섬 등	특 징	길쭉한 목

뱀목거북은 목이 뱀처럼 길어서 이런 이름이 붙었어요. 목이 너무 길어 등갑 안으로 숨을 때는 목을 옆으로 구부려 넣지요. 물이 천천히 흐르는 강이나 호수에 살며, 주로 바닥을 따라 걸어 다녀요.

파충류 관찰

관찰 파충류

뱀목거북

냄새
위협을 느끼면 항문샘에서
지독한 냄새가 나는 분비물을
내뿜어요.

목
목이 뱀처럼
길고 얇아요.

코
콧구멍이 주둥이 끝에 있어,
코만 내밀고 호흡할 수 있어요.

발
발에 물갈퀴가 있어
헤엄칠 수 있어요.

우아!

뱀목거북은 서식지와 생김새에 따라 여러 종으로 나뉘어요.
그중 몸집이 가장 큰 종은 넓은등껍질뱀목거북으로,
몸길이가 약 50cm나 돼요.

독특한 생김새의 거북은?

돼지코거북

돼지코거북은 이름처럼 코가 돼지처럼 생겼어요. 일반 민물거북과 달리 다리가 지느러미처럼 생겨서 수영을 잘해요. 뉴기니섬과 호주의 하천 등에서 살아요.

돼지코거북의 코

메리강거북

메리강거북은 호주 퀸즐랜드의 메리강에만 서식해요. 머리와 등갑에 *조류가 자라서 물속에서 숨기 좋아요. 몸 안에 공기를 저장하는 특별한 호흡 기관이 있어서 오랫동안 물속에 잠수할 수 있어요.

***조류:** 물속이나 습한 곳에 사는 초록색 식물.

파충류 퀴즈

26

다이아몬드백테라핀 등갑은 별 무늬다?

맞으면 ○, 틀리면 ✕ 에
동그라미 하세요.

○ ✕

브르의 힌트

- 등갑의 색과 무늬가 다양해요.
- 소금기가 있는 갯벌과 강에 살아요.
- 등갑 무늬가 이름에 잘 나타나요.

다이아몬드백테라핀의
등갑 무늬는 다이아몬드예요.

다이아몬드백테라핀 Diamondback terrapin

학 명	Malaclemys terrapin	먹 이	물고기, 무척추동물 등	몸길이	약 10~20cm
서식지	기수 지역	분 포	미국 동부 해안, 멕시코 등	특 징	등갑에 있는 다이아몬드 무늬

다이아몬드백테라핀은 민물과 바닷물이 만나는 기수 지역에 서식해요. 그래서 피부가 염분을 견딜 수 있도록 진화했지요. 또한, 물갈퀴가 있어 물에서 자유롭게 헤엄칠 수 있어요.

파충류 관찰

관찰 파충류

다이아몬드백 테라핀

엉금엉금 아기 테라핀!

▼ 오네이트

▼ 콘센트릭

▲ 라인콘센트릭

▲ 노던

▲ 캐롤라이나

날짜: 2023년 7월 11일 **파충류:** 다이아몬드백테라핀

브르의 일기!

귀여운 아기 테라핀을 만났어. 테라핀은 아종마다 색과 무늬가 다양해. '물강아지'라는 별명이 있을 만큼 사람에게 친근한 성격 덕분에 인기가 많아.

파충류 X파일

등갑 무늬가 예쁜 거북은?

방사거북

방사거북은 마다가스카르의 건조한 지역에 서식하며, 주로 선인장이나 과일을 먹어요. 등갑은 높은 *돔 모양이고, 가운데에서 바깥쪽으로 노란색 선이 뻗어 나가는 무늬가 있어요.

인도별거북

인도별거북은 인도, 스리랑카 등에 서식해요. 방사거북과 등갑 무늬가 비슷해 보이지만, 인도별거북은 등갑에 별 무늬가 볼록하게 튀어나와 있어요. 귀여운 외모 때문에 무분별한 포획과 거래가 이루어져, 현재 멸종 위기에 처해 있어요.

***돔:** 원을 반으로 자른 모양처럼 둥글게 솟은 지붕.

파충류 퀴즈

27

갈라파고스땅거북은 (   ) 이상 산다.

( ) 안에 들어갈 말은 무엇일까요?

① 10년

② 50년

③ 100년

브르의 힌트

- 전 세계에서 가장 큰 육지거북이에요.
- 오래 사는 동물로 유명해요.
- 진흙 웅덩이나 바위 아래에서 더위를 피해요.

③ 100년

갈라파고스땅거북 Galapagos tortoise

학 명	Chelonoidis niger	먹 이	잎, 열매, 선인장 등	몸길이	약 1.2~1.5m
서식지	건조한 지역과 평지	분 포	갈라파고스 제도	특 징	100년 이상 사는 긴 수명

아하!

갈라파고스땅거북은 몸길이가 최대 1.8m가 넘고, 몸무게는 약 250kg이에요. 코끼리처럼 큰 몸집 때문에 '갈라파고스 코끼리거북'이라고도 하지요. 100년 이상 사는 거북으로, 오래 사는 동물로 유명해요.

파충류 관찰

관찰 파충류

갈라파고스 땅거북

발톱 두꺼운 발톱이 앞발에는 5개, 뒷발에는 4개 있어요.

등갑 바위처럼 단단하고, 개체마다 모양이 달라요.

다리 굵고 큰 다리의 피부가 비늘처럼 딱딱해요.

갈라파고스땅거북은 몸에 물을 저장할 수 있고, 먹이를 에너지로 바꾸는 데 시간이 오래 걸려요. 그래서 최대 1년 동안 먹이를 먹지 않고도 살 수 있어요.

파충류 X파일

자라 VS 남생이 어떻게 다를까?

자라

자라는 민물에 서식해요. 일반 거북과 달리 등갑이 딱딱하지 않고 부드러워서 호수 바닥에서도 잘 움직이고, 땅에서도 걸음이 빠른 편이에요. 서식지에 따라 종류가 다양하며, 우리나라에도 토종 자라가 살고 있어요.

남생이

남생미는 동아시아에 서식하는 거북으로, 우리나라에서는 제주도를 제외한 대부분의 지역에서 볼 수 있어요. 멸종 위기 야생 생물 2급이자 천연기념물 제 453호로 지정되어 있어요.

파충류 퀴즈

28

나는 누구일까요?

사진의 일부분을 보고
파충류 이름을 맞혀 보세요.

브르의 힌트

- '난쟁이카이만(Dwarf caiman)'이라고도 불려요.
- 전 세계에서 가장 작은 악어예요.
- 주둥이가 짧고 움푹 들어가 있어요.

드워프카이만

드워프카이만 Cuvier's dwarf caiman

학 명	Paleosuchus palpebrosus	먹 이	무척추동물, 물고기 등	몸길이	약 1.2~1.4m
서식지	열대 우림 강 주변	분 포	남아메리카	특 징	악어 중에서 가장 작은 몸집

드워프카이만은 악어 중에서 가장 작아요. 크기가 작은 종에 '난쟁이(dwarf)'라는 이름을 붙여 '난쟁이카이만'이라고도 해요. 피부 아래에 갑옷 같은 *골판이 있어 천적으로부터 몸을 보호할 수 있어요.

*골판: 피부 아래 단단하게 자리 잡은 뼈 판.

파충류 관찰

관찰 파충류

드워프 카이만

▼작고 귀여운 몸집

▲약 50cm인 몸길이

▲악어의 새로운 보금자리

날짜: 2024년 1월 30일 **파충류:** 드워프카이만

브르의 일기!

드워프카이만은 작은 몸집에 비해 무는 힘이 강하고, 성격도 사나워. 오랫동안 함께한 악어의 건강한 성장을 위해 더 넓은 곳으로 보내줬는데, 악어가 잘 지냈으면 좋겠어.

드워프라고 불리는 파충류는?

드워프악어

드워프악어는 크로커다일과 악어 중에서 가장 작아요. 몸길이는 약 1.5~1.9m로, '난쟁이악어'라고도 해요. 대부분 검은색과 노란색을 띠지만, 동굴에 사는 개체는 박쥐 배설물의 영향을 받아 주황색을 띠기도 해요.

노란머리드워프게코

노란머리드워프게코는 케냐와 탄자니아 등에서 서식해요. 몸길이가 평균 8cm로 아주 작아서 '노란머리난쟁이도마뱀붙이'라고도 해요. 머리는 선명한 노란색이고, 몸은 밝은 하늘색을 띠고 있어요.

파충류 퀴즈
29

나일강에 사는 악어는?

초성을 보고
파충류 이름을 맞혀 보세요.

ㄴ ㅇ ㅇ ㅇ

브르의 힌트

- ‘아프리카악어’라고도 불러요.
- 여러 마리가 무리를 지어 사냥을 하기도 해요.
- 성격이 사납고, 사람을 공격하기도 해요.

나일악어

나일악어 Nile crocodile

학 명	Crocodylus niloticus	먹 이	물고기, 포유류 등	몸길이	약 3~4m
서식지	강, 호수, 늪	분 포	아프리카	특 징	강력한 턱 힘, 공격적인 성격

나일악어는 크로커다일과에 속하며, 아프리카에 서식하는 악어 중에서 몸집이 가장 커요. 성격이 사납고 공격적이며, 무는 힘이 강해서 사람을 공격하기도 해요.

파충류 관찰

관찰 파충류

나일악어

머리

머리 위쪽에 눈, 귀, 콧구멍이 있어요.
물속에 숨어서 머리만 내밀고
숨을 쉴 수 있어요.

몸

등과 꼬리가 단단한
비늘로 덮여 있어요.

주둥이

V자 모양으로 뾰족하며,
입을 다물었을 때
아래 이빨이 보여요.

꼬리

긴 꼬리로 물속에서 빠르게 헤엄쳐요.
균형을 잡거나 사냥할 때도
꼬리를 사용해요.

우아!

나일악어는 날카로운 이빨로 먹잇감을 꽉 물고
물속으로 끌고 들어가요. 물에서 숨을 못 쉬게 만든 뒤
잡아먹지요.

크로커다일과에 속하는 악어는?

바다악어

바다악어는 주로 습지나 강에 살지만, 바다로 나가 먼 거리를 이동할 수도 있어요. 이동할 때는 물살을 따라 물 위에 둥둥 떠서 힘을 아끼지요. 이런 능력 덕분에 원래 서식지가 아닌 곳에서 발견되기도 해요.

샴악어

샴악어는 크로커다일과에 속하는 악어 중에서 비교적 온순한 편이에요. 눈 뒤에 살짝 솟아 있는 볏이 특징이지요. 서식지가 파괴되고, 불법으로 잡아가는 사람들이 많아져서 야생에서는 멸종 위기에 처해 있어요.

파충류 퀴즈
30

미시시피악어는 바다에 서식한다?

맞으면 O, 틀리면 X에
동그라미 하세요.

O X

브로의 힌트

- '미시시피'는 미국의 한 지역 이름이에요.
- '아메리카앨리게이터'라고도 불러요.
- 소금기를 몸 밖으로 내보내는 능력이 부족해요.

✕

미시시피악어는
주로 민물에 서식해요.

미시시피악어 American alligator

학 명	Alligator mississippiensis	먹 이	물고기, 거북 등	몸길이	약 2.5~4m
서식지	강, 호수, 늪 등의 민물	분 포	미국 남동부	특 징	폭이 넓은 주둥이

미시시피악어는 북아메리카에서 가장 힘이 세고, 무엇이든 잡아먹는 포식자로, 앨리게이터과에 속해요. 가끔 바다 근처에서도 발견되지만, 소금기를 몸 밖으로 내보내는 능력이 부족해서 바다에서는 살 수 없어요.

파충류 관찰

관찰 파충류

미시시피 악어

눈

투명한 *순막으로 덮여 있어서 물속에서도 잘 볼 수 있어요.

배

단단한 등 비늘과 달리, 매끄럽고 부드러워요.

발

발가락 사이에 물갈퀴가 있어 헤엄치기 좋아요.

주둥이

U자 모양이며, 입을 다물었을 때 아래 이빨이 안 보여요.

우아!

악어의 등은 갑옷처럼 단단한 비늘로 덮여 있어 몸을 보호해 줘요. 반면, 배의 비늘은 매끄럽고 부드러워서 악어가 움직이거나 엎드릴 때 쉽게 다치지 않아요.

*순막: 눈꺼풀 안쪽에 있는 투명한 막.

파충류 X파일

가비알과에 속하는 악어는?

인도가비알

인도가비알은 가늘고 긴 주둥이가 특징이에요. 주둥이가 물의 저항을 거의 받지 않아 물속에서 빠르게 움직일 수 있어요. 예전에는 인더스강, 갠지스강 등에 살았지만, 지금은 서식지 파괴와 불법 포획 때문에 개체 수가 줄어들고 있어요.

말레이가비알

말레이가비알의 주둥이는 인도가비알과 달리 끝으로 갈수록 점점 좁아져요. 가비알처럼 생겼지만, 예전에는 가비알과가 아닌, 크로커다일과로 분류되기도 했어요. 그래서 가짜 가비알을 뜻하는 'False gharial'이라고 부르기도 해요.

4장

양서류

양서류는 어떤 동물일까?

양서류는 물과 땅에서 생활하는 동물이에요. 개구리, 두꺼비, 도롱뇽이 양서류에 속하지요.

새끼일 때는 물속에서 아가미로 숨을 쉬다가, 다 자라면 폐와 피부로 숨을 쉬어요. 대부분 습기가 많은 물가에 살며, 물속에 알을 낳아요.

양서류 퀴즈

31

피부가 투명해 몸 안이 보이는 개구리는?

초성을 보고
양서류 이름을 맞혀 보세요.

ㅇ ㄹ

ㄱ ㄱ ㄹ

브르의 힌트

- 피부가 유리 같아 몸속 장기가 보여요.
- 강이나 개울가에 살고, 나뭇잎 위에 알을 낳아요.
- 몸집이 작아서 나뭇잎 위에서 지내요.

유리개구리

유리개구리 Glass frog

학 명	Centrolenidae	먹 이	작은 곤충	몸길이	약 3~7cm
서식지	열대 우림, 숲 등	분 포	중앙아메리카, 남아메리카	특 징	배 쪽이 투명한 몸

유리개구리는 배 쪽 피부가 투명해서 심장과 간 같은 몸속 장기가 눈에 보여요. 잠을 자거나 쉴 때는 혈관의 피까지 투명하게 만들지요. 그래서 포식자의 눈에 잘 띄지 않아요.

양서류 관찰

관찰 양서류

유리 개구리

브르가 만난 유리개구리

▼ 아마존에서 만난 유리개구리

▲ 눈에 보이는 몸속 장기

▲ 나뭇잎보다 작은 몸집

날짜: 2023년 11월 22일　　**양서류:** 유리개구리

브르의 일기!

아마존에서 유리개구리를 만났어! 배가 정말 투명해서 몸속 장기를 볼 수 있었어. 처음에는 조금 징그러웠는데, 개구리 심장이 뛰는 모습을 직접 보니 신기했어.

세계 곳곳의 청개구리는?

청개구리

청개구리는 우리 주변에서 쉽게 볼 수 있어요. 한국을 포함한 동아시아와 러시아에 서식하며, 산이나 계곡 등 다양한 환경에서 지내지요. 발가락 끝에 흡반이 있어서 나뭇가지나 나뭇잎에 잘 달라붙어요.

빨간눈청개구리

빨간눈청개구리는 이름처럼 눈이 선명한 빨간색이에요. 옆구리에는 파란색과 노란색 줄무늬가 있고, 발은 밝은 주황색이라 아주 화려해요. 주로 중앙아메리카와 남아메리카의 열대 우림에 서식해요.

양서류 퀴즈

32

나무에서 뛰어내리는 개구리가 있다?

맞으면 O, 틀리면 X에 동그라미 하세요.

O X

브로의 힌트

- 날다람쥐처럼 나무 사이를 옮겨 다녀요.
- 발가락 사이에 넓은 물갈퀴가 있어요.
- 몸 색깔이 나뭇잎과 비슷해서 잘 숨어요.

O

플라잉프록은 나무에서 뛰어내릴 수 있어요.

플라잉프록 Flying frog

학 명	Rhacophorus	먹 이	곤충, 작은 동물	몸길이	약 8~10cm
서식지	숲, 열대 우림	분 포	말레이시아 반도, 인도네시아 등	특 징	발가락 사이의 넓은 물갈퀴

플라잉프록은 발가락 사이에 넓은 물갈퀴가 있어서 높은 나무에서 뛰어내리면서 *활공할 수 있어요. 나무 위에서 많은 시간을 보내며, 몸이 가늘고 가벼워서 나무 사이를 빠르게 이동할 수 있어요.

***활공:** 몸을 펴서 공중에서 미끄러지듯이 이동하는 것.

양서류 관찰

관찰 양서류

플라잉 프록

눈 눈이 크며, 동공이 가로로 길쭉해요.

꼬리 올챙이 시절에 있던 꼬리가 개구리가 되면 사라져요.

발가락 발가락 사이에 물갈퀴가 넓게 펼쳐져 있어요.

발바닥 접착력이 강해서 나무에서 떨어지지 않아요.

플라잉프록의 물갈퀴

우아!

플라잉프록은 물 위에 있는 나뭇가지나 잎에 거품 둥지를 만들어 알을 낳아요. 알에서 올챙이가 태어나면 자연스럽게 물속으로 떨어져 생활하게 돼요.

양서류 X파일

발이 신기하게 생긴 개구리는?

마블프록

마블프록은 인도네시아의 초원과 숲에 서식해요. 발에는 물갈퀴와 흡반이 없고, 발가락이 길쭉하지요. 몸 색과 무늬가 대리석(marble)처럼 보여서 '마블프록'이라고 불러요.

아프리카발톱개구리

아프리카발톱개구리는 아프리카의 연못이나 강에서 서식해요. 뒷다리의 발가락에 검은색 발톱이 있어서 '발톱개구리'라는 이름이 붙었어요. 몸집이 작고, 물갈퀴가 없는 앞발로 먹이를 입에 밀어 넣어요.

양서류 퀴즈
33

밀키프록은 (　　) 같은 액체를 내뿜는다.

(　) 안에 들어갈 말은 무엇일까요?

① 우유

② 주스

③ 물

브로의 힌트

- 위험을 느끼면 피부에서 끈적한 액체를 내뿜어요.
- 몸에 있는 무늬가 젖소 무늬랑 비슷해요.
- 이 액체 때문에 '밀키'라는 이름이 붙었어요.

① 우유

밀키프록 Amazon milk frog

학명	Trachycephalus resinifictrix	먹이	작은 곤충, 무척추동물	몸길이	약 6.5~10cm
서식지	열대 우림	분포	남아메리카	특징	젖소처럼 보이는 무늬

밀키프록은 위협을 느끼면 피부에서 우유 같은 끈적한 흰색 분비물을 내뿜어 스스로를 보호해요. 몸은 대부분 푸른빛을 띠고, 갈색이나 검은색 무늬가 있어요.

양서류 관찰

관찰 양서류

밀키프록

▼ 화려한 색의 밀키프록

▲ 브르가 준비한 사육장

◀ 금색 테두리의 눈망울

눈 눈동자 주변에 금색 테두리가 있고, 동공은 십자가 모양이에요.

발바닥 접착력이 뛰어나 자기 몸무게보다 약 14배 무거운 것도 지탱할 수 있어요.

피부 끈적끈적한 흰색 분비물을 내뿜어요.

몸 빌리베르딘이라는 초록색 색소 때문에 피와 뼈가 푸른빛을 띠어요.

자연에 잘 숨는 양서류는?

유럽녹색두꺼비

유럽녹색두꺼비는 등에 녹색과 갈색 반점이 있어서 풀 속에 숨으면 잘 안 보여요. 유럽의 초원과 반건조 사막 등 다양한 곳에 서식하며, 햇볕이 잘 드는 따뜻한 여름을 좋아해요.

베트남이끼개구리

베트남이끼개구리는 바위에 자라는 이끼처럼 얼룩덜룩한 녹색과 검은색을 띠어요. 주로 베트남의 열대 우림에 서식하며, 위협을 느끼면 몸을 공처럼 말고 죽은 척하기도 해요.

양서류 퀴즈

34

나는 누구일까요?

사진의 일부분을 보고
양서류 이름을 맞혀 보세요.

브르의 힌트

- 피부에서 강력한 독이 나와요.
- 독이 있는 곤충을 먹어 몸속에 독을 만들어요.
- 이 개구리의 독으로 독화살을 만들었다고 해요.

독화살개구리

독화살개구리 Poison dart frog

학 명	Dendrobatidae	먹 이	곤충, 무척추동물	몸길이	약 2~6cm
서식지	열대 우림	분 포	중앙아메리카, 남아메리카	특 징	화려한 몸 색깔, 강력한 독

아하!

독화살개구리는 강력한 독을 가진 맹독성 개구리예요.
어떤 종은 사람의 목숨까지 위협할 만큼 강한 독이 있지요.
옛날에 원주민들이 독화살개구리의 독으로 독화살을
만들어 사용해서 이런 이름이 붙었어요.

양서류 관찰

관찰 양서류

독화살 개구리

노란색 독화살개구리

피부 촉촉하게 유지해서 피부로도 호흡할 수 있어요.

몸 화려한 색으로 독이 있다는 것을 경고해요. 독이 있는 곤충을 먹어서 몸속에 독을 만들기도 해요.

발 나무에서 생활하기 때문에 물갈퀴가 없어요.

우아!

독화살개구리는 화려한 색깔과 강한 독 덕분에 포식자로부터 스스로를 보호할 수 있어요. 그래서 다른 개구리들과 달리 낮에도 활발하게 활동해요.

양서류 X파일

화려한 색깔의 개구리는?

토마토개구리

토마토개구리는 마다가스카르에 서식해요. 수컷은 평균 6cm, 암컷은 평균 10cm로, 암컷이 더 커요. 피부에서 독이 있는 물질을 내뿜어 스스로를 보호하며, 사람에게는 알레르기 반응을 일으킬 수도 있어요.

무당개구리

무당개구리는 한국, 러시아, 중국 등에 서식해요. 주로 등은 초록색, 배는 빨간색을 띠고 몸에는 검은색 무늬가 있어요. 피부에 작은 혹이 있어서 두꺼비처럼 보이지만, 개구리예요.

양서류 퀴즈

35

같은 종끼리 잡아먹는 개구리는?

초성을 보고
양서류 이름을 맞혀 보세요.

ㅂ ㅈ ㅍ ㄹ

브르의 힌트

- 몸이 넓적하고 입이 머리만큼 커요.
- 다른 개구리와 곤충, 달팽이 등을 먹어요.
- 올챙이 때는 가오리처럼 평평하게 생겼어요.

버젯프록

버젯프록 Budgett's frog

학 명	Lepidobatrachus laevis	먹 이	개구리, 곤충 등	몸길이	약 10~12cm
서식지	웅덩이, 연못 등	분 포	남아메리카의 그란차코 지역	특 징	넓적한 몸, 커다란 입

버젯프록은 몸이 넓적하고 입이 머리만큼 커요. 평생 물속에서 지내는 수생 개구리라서 땅 위에는 거의 올라오지 않지요. 올챙이 때부터 개구리가 된 후에도 같은 종끼리 잡아 먹는 육식성이에요.

양서류 관찰

관찰 양서류

버젯프록

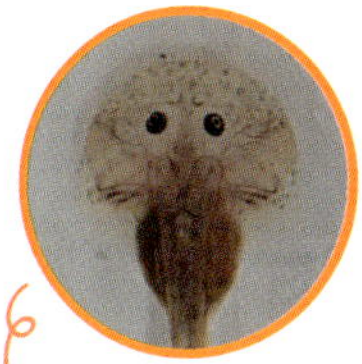

가오리를 닮은 올챙이

피부

*건기 동안 탈피한 피부 껍질로 피부를 감싸 촉촉하게 유지해요.

눈

물속에서 물 위의 먹이를 잘 볼 수 있도록 이마 쪽에 눈이 있어요.

입

큰 먹이를 통째로 삼킬 만큼 입이 커요.

발바닥

뒷다리의 발바닥에만 물갈퀴가 있어요.

버젯프록은 위협을 받으면 사람의 비명처럼 들리는 소리를 내요. 또한 적의 공격을 막기 위해 몸을 크게 부풀리며 경계하기도 해요.

*건기: 비가 오지 않아 땅이 마르고 건조한 시기.

양서류 X파일

독특한 특징이 있는 개구리는?

보르네오이어드프록

보르네오이어드프록은 보르네오섬에 살아요. 눈 뒤와 고막 위쪽에는 뿔처럼 볼록하게 튀어나온 작은 돌기가 있어요. 주로 밤에 활동하며, 열대 우림의 나무 위에서 생활하는 수목성 개구리예요.

쇼벨노즈프록

쇼벨노즈프록은 사하라 이남 아프리카의 열대와 아열대 지역에 서식해요. 몸이 둥글고, 주둥이가 세모 모양으로 튀어나와 있어요. 뒷다리가 아니라 삽처럼 단단한 코로 땅을 파요.

양서류 퀴즈
36

아프리카황소개구리는 암컷이 새끼를 보호한다?

맞으면 ○, 틀리면 ✕에 동그라미 하세요.

○ ✕

브로의 힌트

- 수컷은 약 1.4kg까지 자라요.
- 부성애가 강한 개구리로 알려져 있어요.
- 황소개구리와는 다른 종이에요.

❌ 아프리카황소개구리는 수컷이 새끼를 보호해요.

아프리카황소개구리 African bullfrog

학 명	Pyxicephalus adspersus	먹 이	곤충, 무척추동물, 물고기 등	몸길이	최대 25cm
서식지	풀숲, 습지 등	분 포	아프리카 남부	특 징	큰 몸집

아프리카황소개구리는 부성애가 강한 개구리예요. 비가 오지 않아 웅덩이가 마를 것 같으면, 아빠 개구리가 직접 물길을 파서 새끼들을 더 큰 웅덩이로 옮겨 줘요.

양서류 관찰

관찰 양서류

아프리카 황소개구리

▼양손으로 들어야 할 만큼 큰 몸집

▲아직 성장 중인 아프리카황소개구리

▲몸에 비해 작은 발

몸

개구리 중에서
몸이 크고 넓적한
편이에요.

입

날카로운 이빨이 있어
자기 몸집만 한 먹이를
통째로 삼켜요.

다리

근육이 발달해서
짧은 다리로 점프하거나 땅을 팔 수 있어요.

울음주머니

위험을 느끼면
풍선처럼 크게 부풀려
울음소리를 내요.

양서류 X파일

난쟁이라고 불리는 양서류는?

아프리카드워프프록

아프리카드워프프록은 몸길이가 약 2.5~4cm로 아주 작아서 '아프리카난쟁이개구리'라고도 불러요. 뒷발에 발톱이 있어 아프리카발톱개구리와 비슷해 보이지만, 앞발에도 물갈퀴가 있다는 점이 달라요.

아프리카발톱개구리

드워프살라만다

드워프살라만다는 몸길이가 10cm도 되지 않는 작은 도롱뇽으로, '난쟁이도롱뇽'이라고도 불러요. 미국 남부에만 서식하며, 주로 숲이나 습지에서 지내요. 일반 도롱뇽은 뒤 발가락이 5개이지만, 드워프살라만다는 4개예요.

양서류 퀴즈

37

부쉬벨드레인프록은 (　　) 단계가 없다.

(　) 안에 들어갈 말은
무엇일까요?

① 알

② 올챙이

③ 개구리

브로의 힌트

- 비가 내린 후 땅 위로 올라와 사냥해요.
- 다리가 짧아서 점프를 못해요.
- 이 단계를 거치지 않고 개구리로 태어나요.

② 올챙이

부쉬벨드레인프록 Bushveld rain frog

학 명	Breviceps adspersus	먹 이	작은 곤충, 무척추동물	몸길이	약 3~5cm
서식지	초원, 땅속 굴 등	분 포	남아프리카	특 징	짧은 다리

부쉬벨드레인프록은 일반 개구리와 달리 올챙이 단계를 거치지 않고, 작은 개구리 형태로 태어나요. 주로 땅속 굴에서 지내다가, 비가 내리거나 밤이 되면 땅 위로 나와 먹이를 잡아먹고 짝짓기를 해요.

양서류 관찰

▼ 풍선처럼 둥근 몸

▲ 짧은 다리로 사냥 성공!

▲ 화난 듯한 귀여운 얼굴

동글동글 귀여운 부쉬벨드레인프록

날짜: 2021년 3월 26일 **양서류:** 부쉬벨드레인프록

브로의 일기!

풍선처럼 둥근 몸이 눈에 띄었어. 짧은 다리로 돌아다니는 모습도, 화난 듯한 표정도 귀여웠어. 올챙이를 거치지 않고 바로 개구리로 태어나는 게 정말 신기해.

양서류 X파일

뾰족뾰족 뿔개구리는 누구?

아르헨티나뿔개구리

아르헨티나뿔개구리는 몸에 비해 입이 아주 커요. 게임 캐릭터 팩맨처럼 생겨서 '팩맨개구리'라고도 불러요. 움직이는 생물은 무엇이든 잡아먹고, 자기 몸보다 훨씬 큰 동물도 잡아먹으려고 할 만큼 먹성이 좋아요.

긴코뿔개구리

긴코뿔개구리는 아시아뿔개구릿과에 속해요. 눈 위에 뾰족한 뿔이 있고, 주둥이가 긴 삼각형 모양이에요. 열대 우림에 서식하며, 낙엽처럼 생겨서 위장을 잘해요.

양서류 퀴즈

38

나는 누구일까요?

사진의 일부분을 보고
양서류 이름을 맞혀 보세요.

브르의 힌트

- 다리에 호랑이 줄무늬가 있어요.
- 원숭이처럼 손으로 나뭇가지를 잡을 수 있어요.
- 주로 나무 위에서 생활해요.

타이거렉 몽키프록

타이거렉몽키프록 Tiger-legged monkey frog

학 명	Pithecopus hypochondrialis	먹 이	곤충, 작은 동물	몸길이	약 5cm
서식지	아열대, 열대 삼림	분 포	남아메리카	특 징	다리에 있는 호랑이 줄무늬

타이거렉몽키프록은 다리에 호랑이 줄무늬가 있어요. 원숭이처럼 나무 위를 걸어 다니거나 앞발로 나뭇가지를 잡기도 하지요. 비가 많이 내리는 숲부터 건조한 숲까지 다양한 산림에 서식해요.

양서류 관찰

관찰 양서류

타이거렉 몽키프로록

정글에서 만난 타이거렉몽키프로록

▼ 손가락 길이만 한 몸집

▲ 종에 따라 조금씩 다르게 생긴 타이거렉

다리 뒤쪽 모양이 달라요!

▲ 다리에 있는 선명한 호랑이 줄무늬

날짜: 2024년 6월 1일 **양서류:** 타이거렉몽키프로록

브르의 일기!

남아메리카 수리남에서 타이거렉몽키프로록을 만났어.
나무 위를 좋아하는 개구리답게 높은 나무에서 발견했는데,
초록색 몸에 있는 호랑이 줄무늬가 정말 선명했어!

우리나라에 도롱뇽이 산다?

꼬리치레도롱뇽

꼬리치레도롱뇽은 우리나라의 높은 산에 서식해요. 허파 없이 피부로만 숨을 쉬지요. 산란기에는 바나나처럼 길쭉한 알주머니를 돌이나 바위 밑에 붙여 알을 낳아요.

이끼도롱뇽

이끼도롱뇽은 북아메리카에 서식하는 미주도롱뇽과 중에서 우리나라에도 서식하는 유일한 종이에요. 주로 이끼가 많은 산속 바위 밑에 숨어 지내며, 등에 갈색이나 붉은색 줄무늬가 있어요.

양서류 퀴즈 39

몸에 호랑이 무늬가 있는 도롱뇽은?

초성을 보고
양서류 이름을 맞혀 보세요.

ㅌ	ㅇ	ㄱ	
ㅅ	ㄹ	ㅁ	ㄷ

브르의 힌트

- 우리말로 '범무늬도롱뇽'이라고도 불러요.
- 도롱뇽은 영어로 '살라만다(salamander)'예요.
- 검은색 몸에 노란색 무늬가 있어요.

타이거 살라만다

타이거살라만다 Tiger salamander

학 명	Ambystoma tigrinum	먹 이	곤충, 달팽이 등	몸길이	약 15~20cm
서식지	삼림, 숲 등	분 포	북아메리카	특 징	몸에 있는 노란색 줄무늬

타이거살라만다는 땅속에서 오랜 시간을 보내요. 스스로 땅을 파서 굴을 만드는데, 60cm가 넘게 파기도 하지요. 땅속 굴에서 뜨거운 햇볕을 피하고, 몸이 마르지 않도록 촉촉하게 유지해요.

양서류 관찰

관찰 양서류

타이거 살라만다

새끼 타이거살라만다

몸

어릴 때는 초록색을 띠고,
자라면서 검은색으로 변하면서
노란색 줄무늬가 생겨요.

눈

야행성으로, 밤에도 주변을
볼 수 있도록 시력이 발달했어요.

꼬리

꼬리가 잘리면 다시 자라요.

발

튼튼한 발가락과
둥근 발톱으로 땅을 잘 파요.

우아!

새끼 타이거살라만다는 아가미가 몸 밖에 있어요.
머리 양쪽에 털처럼 튀어나온 빨간 기관이 바깥
아가미예요. 아가미로 물속에서 숨을 쉬지요.

양서류 X파일

큰 몸집을 자랑하는 도롱뇽은?

헬벤더

헬벤더는 북아메리카에서 가장 큰 도롱뇽으로, '미국장수도롱뇽'이라고도 불러요. 쭈글쭈글한 외모가 지옥(hell)을 떠올리게 해서 '헬벤더'라는 이름이 붙었다고 해요. 옆구리의 피부 주름으로 산소를 흡수하며 숨을 쉬어요.

일본장수도롱뇽

일본장수도롱뇽은 전 세계 도롱뇽 중에서 세 번째로 커요. 일본에만 서식하며, 깨끗한 물이 흐르는 하천에서 지내요. 얼룩덜룩한 피부로 강가 바닥에서 숨을 수 있고, 위협을 느끼면 냄새가 나는 물질을 내뿜어 스스로를 보호해요.

양서류 퀴즈

40

피부가 꺼끌꺼끌한 도롱뇽이 있다?

맞으면 ○, 틀리면 ✕에
동그라미 하세요.

○ ✕

브르의 힌트

- 복어의 독과 같은 종류인 강력한 독이 있어요.
- 등은 짙은 갈색, 배는 선명한 주황빛이에요.
- '거친피부도롱뇽'이라고도 해요.

O

러프스킨드뉴트는
피부가 꺼끌꺼끌해요.

러프스킨드뉴트 Rough-skinned newt

학 명	Taricha granulosa	먹 이	곤충, 무척추동물 등	몸길이	약 10~20cm
서식지	물이 있는 습한 산림	분 포	북아메리카 태평양 연안	특 징	주황색 배, 강력한 독

러프스킨드뉴트는 우리말로 '거친피부도롱뇽' 또는 '꺼끌영원'이라고 해요. 이름처럼 피부가 울퉁불퉁하고 거칠지요. 몸에는 복어에게 있는 테트로도톡신이라는 강력한 독이 있어서, 포식자가 함부로 잡아먹지 못해요.

양서류 관찰

관찰 양서류

러프스킨드 뉴트

항문

수컷은 번식기 때
항문 주변이 부풀어 올라요.

피부

울퉁불퉁하고 거칠어요.

꼬리

가로로 납작하고,
세로로 길쭉해요.

몸

등은 짙은 갈색이고,
배는 밝은 주황빛이에요.

러프스킨드뉴트는 위험을 느끼면 머리를 들고 꼬리를 말아 올리는 방어 자세를 취해요. 이때 밝은 주황빛의 배를 보이며 포식자에게 "나는 독이 있어요!" 하고 경고해요.

희귀한 도롱뇽이 있다?

아홀로틀

아홀로틀은 다 자라도 외부 아가미가 남아 있어요. 이처럼 어린 시절 모습 그대로 어른이 되는 것을 '유형성숙'이라고 해요. 또한, 다치거나 잘린 몸의 일부를 다시 자라게 하는 재생 능력이 있어요.

동굴영원

동굴영원은 유럽의 동굴 속 맑은 지하수에 살아요. 보통 도롱뇽의 발가락은 앞발 4개, 뒷발 5개이지만, 동굴영원은 앞발 3개, 뒷발 2개예요. 어두운 곳에 살아서 눈이 거의 보이지 않지만, 냄새를 잘 맡고, 소리를 잘 들어요.

찾아보기

찾아보기

찾아보기

정브르의

파충류 퀴즈 도감

1판 1쇄 인쇄 | 2025년 11월 12일
1판 1쇄 발행 | 2025년 11월 26일

발행인 | 심정섭
본부장 | 문영
편집팀장 | 최영미
편집 | 이수진, 한나래
디자인 | 김윤미

브랜드마케팅 | 황혜선
출판마케팅 | 홍성현, 김호현
제작 | 이수행, 정수호

발행처 | (주)서울문화사 **등록일** | 1988년 2월 16일 **등록번호** | 제2-484
주소 | 서울특별시 용산구 새창로 221-19
전화 | 02-791-0708(판매), 02-799-9375(편집)

ISBN | 979-11-7371-551-8
979-11-7371-436-8(세트)

144만 구독자의 생물 크리에이터와
함께 떠나는 낯설지만 신기한 동물 탐험!
정브르의
이색 동물일기
생생체험 자연관찰
정브르의
이색 동물일기
특이한 생김새,
특별한 능력을 가진
이색 동물을 만나요!
서울문화사
생물인 정브르,
독특한 동물을 찾아 떠나다!
브린이를 위한 정브르의
이색 동물 일기!
정브르의 일기 시리즈
동물일기
곤충일기
파충류일기
아마존일기
희귀동물일기
맹독생물일기
반려동물일기
열대동물일기
물속동물일기
별별곤충일기
정글탐험일기
별별파충류일기
거대생물일기
이색 동물일기
© 정브르. ©SANDBOX NETWORK.
구입 문의 (02)-791-0708